Nostalgischer Weihnachtsschmuck

Ingeborg Kunze

Nostalgischer Weihnachtsschmuck

ENGLISCH VERLAG

Nostalgischer Weihnachtsschmuck / Ingeborg Kunze. –
Wiesbaden: Englisch, 1992, 2. Aufl. 1993
ISBN 3-8241-0501-2

Umschlaggestaltung Andreas Ruers.
Fotos Cornelia Renson.

Printed in Germany.
ISBN 3-8241-0501-2

Inhaltsverzeichnis

Nostalgie

... weckt Erinnerungen an vergangene Zeiten, an die Kindheit unserer Eltern und Großeltern, und Nostalgie ist gerade zu Advent und Weihnachten gefragt.
Wir denken an den Geruch von Tannengrün, Gewürzen und Zapfen. In unserer Erinnerung tauchen Sterne, Engel, Putten und Weihnachtsmänner auf. All dies ist in dunkles Tannengrün und warmes Rot getaucht, aus dem es golden glitzert.
In diese Stimmung möchte ich Sie versetzen, diese Erinnerungen möchte ich in Ihnen wecken, wenn Sie in diesem Buch blättern. In die stimmungsvollen floralen Arbeiten, die hier vorgestellt werden, sind ganz bewußt viele Naturmaterialien, unzählige Sterne, liebliche Engelsfiguren und jede Menge goldener Accessoires eingearbeitet.
Sie finden hübsche Tischgestecke, Gestecke für die Fensterbank, hängende Arrangements für die Wand oder das Fenster, Arrangements mit Kerzen, Adventskränze und vieles andere mehr.
Ich hoffe, Sie finden Gefallen an den hier vorgestellten Modellen und wünsche Ihnen viel Freude am Nacharbeiten.

Ingeborg Kunze

Allgemeine Arbeitsanleitungen

Sicherlich haben Sie auch schon einmal versucht, ein Gesteck oder etwas anderes Dekoratives nachzuarbeiten.
Dabei werden Sie festgestellt haben, daß viele Accessoires einfach nicht halten.
Deshalb arbeiten wir grundsätzlich mit einer Heißklebepistole. Diese hat den Vorteil, daß alles, was Sie ankleben, sofort klebt und auch garantiert hält.
Hier folgen einige Tips, wie Sie die einzelnen Materialien zu weihnachtlichem Schmuck verarbeiten können.

Tischgestecke

Als Basis nehmen Sie eine Schale, einen flachen Teller oder eine andere Unterlage, die sich für ein Gesteck gut eignet.
Sie können auch einen Weidenkranz nehmen, wenn Sie ihn flach hinlegen.
Jetzt schneiden Sie die Trockensteckmasse auf die gewünschte Größe zurecht und kleben sie mit der Heißklebepistole auf die gewählte Unterlage.
Hier sollten Sie mit dem Heißkleber nicht zu sparsam umgehen. Auf der Steckmasse arrangieren Sie die Blüten und Dekorationsartikel, die Sie sich vorher zurechtgelegt haben.
Einige Artikel, zum Beispiel Seidenblumen, Gewürze, künstliche Beeren und Früchte sind vorher mit Gold- oder Silberspray zu behandeln. Diese Farbsprays verleihen Ihren Arbeiten den festlichen Glanz.

Tür- und Wandkränze

Einen Tür- oder Wandkranz hängen Sie während des Dekorierens am besten auf. Wenn Sie an Ihrem Arbeitsplatz keinen geeigneten Haken dafür haben, dann können Sie ihn z. B. auch an einer Tischlampe befestigen.
Jetzt verfahren Sie genau wie bei den Tischgestecken und befestigen zuerst den Steckschwamm, den Sie anschließend dekorieren.
Sie werden schnell merken, wie praktisch es ist, wenn der Kranz vor Ihnen hängt und nicht liegt.

Schleifenbinden

Für eine Schleife benötigen Sie mindestens 1,5 m Schleifenband. Wenn sie so großzügig werden soll, wie in den meisten Modellen gezeigt, brauchen Sie 2,5–3 m Schleifenband.
Sie sollten bedenken, daß die Schleife oft das I-Tüpfelchen einer Dekoration ist, und sie entsprechend plazieren.
Bei einer einfachen Schleife legen Sie das Schleifenband lose zu einer Acht mit mehreren gleich großen Schlaufen zusammen. Dann binden Sie das Band mit einem dünnen Bindedraht in der Mitte ab. Die Enden der Schleife sollten nicht zu lang sein.
Für eine großzügige Schleife legen Sie locker unregelmäßig große Schlaufen übereinander und binden sie in der Mitte mit Bindedraht zusammen.
Hier sollten die Enden der Schleife unterschiedliche Längen haben und ruhig über das Arrangement hinausgehen.
Zum Schluß schneiden Sie die Enden der Schleife schräg ab, das lockert alles noch etwas mehr auf.

Farben und Sprays

Wie bereits erwähnt, sind verschiedene Materialien vorher mit Glimmer- bzw. Farbspray behandelt worden. Goldene und silberne Blüten, Blätter und Dekorationsartikel sind zwar bereits fertig zu haben, doch wir wollen diese Farben nicht in den Vordergrund stellen, sondern ganz dezent einsetzen.

Solche Sprays sollten grundsätzlich nicht in geschlossenen Räumen verwendet werden. Decken Sie vor dem Sprühen alles gut ab oder plazieren Sie die jeweiligen Gegenstände in einem großen Karton. Schütteln Sie die Farbe immer gut auf. Nach dem Besprühen drehen Sie die Spraydose auf den Kopf und sprühen weiter bis keine Farbe mehr kommt. So kann der Sprühkopf nicht verkleben.

Sprühen Sie nur einen Hauch Farbe oder Glimmer auf den Gegenstand, denn in diesem Fall ist weniger wirklich mehr.

Werkzeuge und Hilfsmittel

Bei den meisten Arbeiten kommen folgende Werkzeuge zum Einsatz: eine Heißklebepistole, ein Seitenschneider, ein Messer und eine Schere.

Die Heißklebepistole sollte eine ausreichend hohe Wattzahl haben. Außerdem einen Ständer zum Hinstellen, wenn Sie nicht damit arbeiten. Die Spitze sollte aus Gummi sein, damit Sie sich nicht verletzen können.

Der Seitenschneider sollte etwas robuster beschaffen sein. Sie müssen auch mal einen dickeren Draht durchzwicken können. Eine gute Schere, die Sie nur zum Schneiden von Bändern benutzen sollten, darf ebenfalls nicht fehlen.

Vollständig wird Ihr Arbeitsplatz durch folgende Hilfsmittel: dünner Bindedraht (braun oder grün), dickerer Stieldraht (geglüht), Klebesticks (transparent) und diverse Farbsprays.

Adventskränze

Im Gegensatz zum Weihnachtsbaum, dessen Tradition sehr weit zurückgeht, zählt der Adventskranz zu den neueren Bräuchen.
Erst Anfang dieses Jahrhunderts begann man Tannengrün zu Kränzen zu binden und diese mit vier Kerzen zu schmücken. Heute hat der Adventskranz seinen festen Platz in der vorweihnachtlichen Zeit. Jeder kennt ihn mit seinem traditionellen Rot-Grün-Schmuck.
Inzwischen ist er auch mit buntem Zierrat, z. B. lila Kerzen oder Wintergewürzen, sehr beliebt. Er ziert aber auch Zimmer ganz ohne Kerzenschmuck, dafür ist er dann mit Schleifen, getrockneten Beeren usw. dekoriert.

Adventskranz in Weiß-Gold

Hierfür benötigen Sie einen ovalen Bambuskranz, vier weiß-goldene Kerzen, Tannengrün, Perlenschnur, einen Steckschwamm, dicken Draht und weißgoldenes Schleifenband.
Die Kerzen werden mit Draht und Steckschwamm auf einer Seite des Kranzes befestigt.
Den Steckschwamm verdecken Sie mit Tannengrün. Aus dem Schleifenband werden zwei große Schleifen gebunden, vor die äußeren Kerzen wird je eine Schleife gesteckt.
Zum Schluß wird Perlenschnur um die Kerzen und über die Schleifen gelegt, und die Enden werden festgeklebt.

Adventskranz mit marmorierten Kerzen

Einen Styroporkranz, breites Band zum Umwickeln, vier marmorierte Kerzen, zwei Bund Röschen, vier Äpfelchen, Kordel und Schleifenband aus Organza brauchen Sie hierfür.

Zuerst wird der Styroporkranz mit dem breiten Band umwickelt und an den Enden mit Kleber befestigt.

Die Kerzen werden mit dickem Draht auf den Kranz gesteckt. Aus den Röschen binden Sie kleine Sträußchen, die zwischen die Kerzen geklebt werden. Aus der Kordel wird eine Schlaufe gebunden, die sie an das Sträußchen stecken. Zum Verdecken des Drahtes wird ein Äpfelchen auf die Schlaufe geklebt.

Aus dem Organzaband binden Sie vier schöne, große Schleifen, die Sie vor den Kerzen anbringen.

Adventskranz aus Rebenholz

Sie brauchen hierfür einen Kranz aus Rebenholz mit ca. 25 cm Durchmesser, vier hohe Kerzen, einen Stengel goldene Blüten, vier Goldsäckchen, goldenes Stripgras, Tannenzweige, Efeuzweige und Schleifenband.
Die Kerzen werden mit Draht und Steckschwamm auf dem Kranz befestigt. Um die Kerzen stecken Sie Tannenzweige und Efeublätter.
Zwei Kerzen werden zusätzlich mit Stripgras und den goldenen Säckchen verziert. An den zwei anderen Kerzen befestigen Sie die goldenen Blumen und zwei großzügig gebundene Schleifen.

Kleiner Tischkranz in Rot

Sie benötigen einen kleinen Birkenreisigkranz, einen Goldvogel, Goldästchen, vier goldene Röschen, zwei goldene Blättchen, Goldginster, ein bunt bedrucktes Brokatband und ein rotes Organdyband.
Aus dem Brokatband binden Sie eine Schleife und stecken diese am Kranz fest. Die Organdyschleife wird locker gebunden und auf die Brokatschleife gesteckt.
Den Goldvogel befestigen Sie auf den Schleifen. Die Goldröschen, die Goldästchen, die Blättchen und den Goldginster kleben Sie links neben die Schleifen.

Bambuskranz mit Callablüten

Für diese Dekoration benötigen Sie einen Bambuskranz, drei gewachste Callablüten, drei Seerosenblätter, einen Stengel Stripgras, Tannenzweige und eine Organdyschleife.
Die Callablüten werden am Kranz befestigt. Die Seerosenblätter und die Tannenzweige stecken Sie unter die Callablüten. Aus dem Organdyband binden Sie eine große Schleife und stecken diese zwischen die Blüten.
Die Enden werden über den Kranz gelegt. Das Stripgras wird leicht gezogen und hinter der Schleife befestigt.

Kranz mit Pferdchen

Für dieses kleine Tischgesteck benötigen Sie einen kleinen Kranz, einen Stengel Rosen, zwei Stangen Kaneel, einen Bund Beeren, eine Goldkordel und zwei Goldkugeln.

Bei diesem Gesteck befestigen Sie zuerst den Kaneel auf dem Kranz, dann kleben Sie das Pferdchen darauf.

Nun werden die Blumen an den Kufen befestigt, den Beerenbund und die Goldkordel, an deren Enden die Kugeln befestigt wurden, geben Sie als Abschluß in das Blütengesteck.

Weihnachtsgestecke mit Kerzen

Gestecke stellen eine Alternative zu den Adventskränzen dar. Sie dienen in der Vorweihnachtszeit als Tischschmuck oder zieren die Fensterbank. Ihren stimmungsvollen Charakter erhalten sie erst durch die Kerze. Diese kann eine gewöhnliche Stearinkerze sein, Sie können aber auch eine echte Bienenwachskerze oder eine Duftkerze für ihr Gesteck wählen.
Gestecke können mit einer bis zu vier Kerzen arrangiert werden. Solche mit vier Kerzen erinnern eher an den Adventskranz; durch eine asymmetrische Anordnung ihrer Kerzen sowie ihres Schmuckes wirken sie jedoch interessanter.

Kerzengesteck in Weinrot-Lila

Sie brauchen eine Bonsaischale, vier lange Kerzen, eine große Blüte (am besten einen Weihnachtsstern), ein Seerosenblatt, einen Steckschwamm und Schleifenband mit Drahtkante für die Schleife und geknotetes Band.
Die Kerzen werden mit Heißkleber so in der Schale befestigt, daß Sie den Weihnachtsstern auf die anderen Seite der Schale dekorieren können.
Auf dem Steckschwamm befestigen Sie ein Seerosenblatt, das den Schwamm vollständig verdeckt. Aus dem Band binden Sie eine große Schleife und stecken diese auf das Seerosenblatt. Das restliche Band wird alle fünf Zentimeter verknotet und locker um die Kerzen gelegt.

Tischgesteck mit Schlitten

Für diese Dekoration benötigen Sie einen kleinen Keramikschlitten, zwei Kerzen, einen Steckschwamm, einen Brombeerenstengel, Efeuzweige, zwei Christrosen, zwei Potpourrikugeln, einen Stengel Bonsaikiefernzweige und eine große Schleife.
In den Schlitten kleben Sie den Steckschwamm und befestigen darin die Kerzen mit Draht.
Die Efeuzweige, die mit Goldspray leicht besprüht wurden, stecken Sie ringsherum in den Schwamm. Die Kiefernzweige verteilen Sie darauf.
Die Kugeln, die Beeren und die Christrosen arrangieren Sie um die Kerzen. Zum Schluß befestigen Sie eine Schleife vor den Kerzen.

Kleines Tischgesteck

Hierfür werden eine kleine Bonsaischale, Steckschwamm, Tannenzweige, Rosenknospen, Efeu, eine Zimtstange, Bouillon, ein Brokat-Engelchen, eine Kerze und eine Schleife benötigt.
Den Steckschwamm befestigen Sie mit Kleber in der Schale. Die Kerze wird mit dikkem Draht, den Sie zuvor erhitzen und in die Kerze stecken, auf den Schwamm gesteckt. Die Tannenzweige fügen Sie so dazu, daß kein Steckschwamm mehr zu sehen ist. Das Efeu befestigen Sie unter den Tannenzweigen. Nun wird der Engel auf dem Tannengrün festgeklebt. Die Rosenknospen werden vor den Engel gesteckt. Zwischen Engel und Kerze stecken Sie die Zimtstange, die mit Bouillon umwickelt wurde. Zum Schluß befestigen Sie die Schleife vor der Kerze.

Kerzengesteck in Rot-Gold

Eine flache, rote Schale, eine hohe Kerze, Goldästchen, einen Steckschwamm, Tannenzweige, zwei Seerosenblätter, einen Stengel Stripgras, einen Beerenbund in Rot und eine rote Schleife mit Goldkante brauchen Sie hierfür.
Die Kerze wird mit dem Steckschwamm auf der Schale befestigt und um die Kerze werden die Tannenzweige gesteckt. Die Seerosenblätter, den Beerenbund und die Goldästchen arrangieren Sie neben die Kerze.
Das Stripgras wird leicht gezogen und hinter dem Beerenbund befestigt. Die Schleife wird locker gebunden und an die Kerze gesteckt. Die Enden werden über das Gesteck gelegt.

Kerzengesteck mit Veilchen

Sie benötigen eine flache, lila Schale, vier Seerosenblätter, einen Bund Usambaraveilchen, eine lange, weiße Kerze, Notenband, Tannenzweige, einen Steckschwamm und buntes Brokatband mit Drahtkante. Den Steckschwamm befestigen Sie auf der Schale. Die Kerze wird mit Draht auf den Schwamm gesteckt.
Um die Kerze dekorieren Sie die Tannenzweige und die Seerosenblätter. Die Usambarablüten stecken Sie vor der Kerze fest. Das Notenband wird zu einer Schlaufe gebunden und neben die Kerze gesteckt. Zuletzt wird eine große Schleife an der Kerze befestigt.

Gesteck mit dicker, runder Kerze

Für diese Dekoration benötigen Sie eine flache Schale, eine dicke, flache, runde Kerze, Tannengrün, zwei gewachste Rosen, zwei Seerosenblätter, zwei Salatblätter, einen Steckschwamm, Stripgras und Band mit Drahtkante.
In der großen Kerze befestigen Sie vier Drähte und kleben diese auf den Steckschwamm. Den Schwamm verdecken Sie mit den Blättern und dem Tannengrün.
Links vor der Kerze stecken Sie ein Seerosenblatt und versetzt dazu die Rosen. Hinter den Rosen befestigen Sie das Stripgras, welches zuvor gekräuselt wurde. Dominieren soll hier die Kerze, deshalb binden Sie die Schleife flach davor und drücken die Drahtkanten leicht nach unten.

Kerzengesteck auf Korkplatte

Eine runde Korkplatte, zwei Kugelkerzen, Tannengrün, Ilexblätter, Weintrauben, Band mit Drahtkante und Goldkordel wird hierfür benötigt.
Zuerst befestigen Sie die Kerzen auf der Korkplatte, an der hinteren Kerze bringen Sie die Tannenzweige, die Ilexblätter und die Weintrauben an.
Aus dem Schleifenband binden Sie eine kleine Schleife. Die Kordel wird locker über die Schleife und die Korkplatte gelegt.

Kerzengesteck mit Schleife

Sie benötigen eine Terrakottaschale, eine dicke Kerze, Kiefernzweige, Beerenzweige, Blüten, Schleifenband mit Drahtkante, Goldkordel, Zimt und einen Steckschwamm.

In die Schale wird ein Stück Steckschwamm eingeklebt, die Kerze darauf befestigt und rundherum mit Kiefernzweigen, Blüten und Beeren ausgesteckt. Binden Sie eine lockere Schleife, legen Sie die Goldkordel um den Zimt und drapieren Sie das ganze über die Kiefernzweige.

Nostalgischer Christbaum-schmuck

Erst der Schmuck macht den Tannenbaum zum Weihnachtsbaum.
Selbstgemachter Weihnachtsschmuck verleiht jedem Baum seinen eigenen Glanz und läßt Ihren Weihnachtsbaum noch einmal so schön erscheinen.
Ob Sie traditionelle rote Baumanhänger bevorzugen oder lieber Goldschmuck, hängt von Ihrem individuellen Geschmack ab.
Eine besonders schöne Anregung in meinem Buch ist Baumschmuck aus Messing oder aus Gewürzen.

Christbaumschmuck aus Messing

Hierfür benötigen Sie verschiedene Messingteile, Diorröschen in Gold, Pink und Rosen in Rot, Blätter passend zu den Blüten, Gewürze wie Zimt und Nelken, Borten in verschiedenen Farben und Tannengrün.
Aus den verschiedenen Teilen binden Sie kleine Sträußchen und kleben diese an den Messingteilen fest.
Die Schleife wird zuletzt in das kleine Gebinde hineingebunden.

Christbaumschmuck aus Gewürzen

Auch für diesen Baumschmuck benötigen Sie zwei goldene Kränzchen, Röschen, Nelken, Sternanis, Zimt, Bouillon, Tannengrün und Borte.
Die Nelken werden mit Bouillon umwickelt. Den Zimt und den Sternanis befestigen Sie daran mit Bouillondraht. Die Röschen werden in das Gesteckchen geklebt.
Ein goldener Kranz wird an der Aufhängung mit dem Gesteck verziert und zum Schluß eine Schleife hineingebunden.
Bei dem zweiten Kranz wird das Gebinde unten am Kranz befestigt.

Christbaumschmuck in Rot

Für diese kleinen Ringe benötigen Sie zwei kleine Goldkränzchen, rote Röschen, Tannengrün und rotes Band.

Beispiel 1
Zum Aufhängen wird rotes Band an dem Kränzchen befestigt. Davor stecken Sie die Röschen und das Tannengrün.
Zum Schluß binden Sie eine kleine Schleife, die Sie vor der Aufhängung befestigen.

Beispiel 2
Sie stecken aus den Blüten, dem Tannengrün und der Schleife ein kleines Gebinde in den Kranz.
Zum Schluß wird das Band zum Aufhängen angebracht.

Festliche Baumanhänger

Hierfür benötigen Sie nostalgische Einleger für die Kugeln, Borten und Metallband. Bevor Sie die Einlegeschalen zusammenkleben, befestigen Sie eine Aufhängung in der Mitte.
Danach kleben Sie mit einem guten Alleskleber die beiden Teile zusammen. Damit die Klebestellen nicht sichtbar sind, werden sie mit schmalen Metallborten beklebt. Zum Schluß wird an beiden Seiten der Aufhängung eine kleine Schleife befestigt.

Nostalgische Weihnachtskugeln

Für diese Kugeln benötigen Sie irisierende Stoffmalfarbe, teilbare Plexikugeln, Einleger, Kordeln und verschiedene Bänder. Sie legen den Einleger in die Mitte einer halben Kugel und bemalen diese von innen mit irisierender Stoffmalfarbe.
Wenn die Farbe gut getrocknet ist, verschließen Sie die Kugel.
Danach wird die Kugel mit verschiedenen Bändern, Kordeln und einer Schleife dekoriert.

Dekorationen zum Hinhängen

Nicht nur Adventskränze und Gestecke schmücken heute in der Vorweihnachtszeit die Wohnzimmer. Türkränze, hängende Fensterdekorationen und andere reich verzierte Gebinde können Ihrer Wohnung überall festlichen Glanz verleihen.

Ihrem Ideenreichtum ist dabei keine Grenze gesetzt: Sie können Gebinde auf Birkenreisig, Türbogen aus Tannengrün mit Christrosen oder nostalgische Kugeln auswählen und anfertigen. Mein besonderer Tip: Verschenken Sie einmal selbstgefertigten, weihnachtlichen Zimmerschmuck. Dies ist ein schönes und sehr persönliches Geschenk.

Festliche Türgebinde

Für dieses Gebinde brauchen Sie einen großen Zweig Kiefern, zwei Stengel goldenes Stripgras, zwei gewachste Callablüten, einen goldenen Zweig, drei Kugeln, einen goldenen Faden zum Aufhängen und breites Band mit Drahteinlage.

Auf dem Kiefernzweig werden die Callablüten befestigt. Die Kugeln werden mit Goldkordel angebunden und am Ende des Zweiges festgemacht, sie sollen versetzt am Gebinde herunterhängen.

Das Stripgras, den Goldzweig stecken Sie jetzt seitlich in das Gebinde und befestigen es. Nun binden Sie eine große Schleife und legen sie locker über den Stengel des Kiefernzweiges, ziehen sie auseinander und befestigen sie mit Draht.

Gebinde aus Birkenreisig

Zweige aus Birkenreisig, Pomponastern, Rosenknospen, zwei große Efeuzweige, sieben Potpourrikugeln, fünf Rosenkugeln, Golddraht, moosgrünes Band zum Befestigen der Kugeln, rosa Satinband und zum Aufhängen Kordel und zwei große Schleifen werden benötigt.

Aus Birkenreisig binden Sie einen Kranz und lassen die Spitzen der Zweige offen herabhängen.

Die Pomponastern ziehen Sie von den Stengeln ab und befestigen sie mit Golddraht. Den Draht mit den Blüten wickeln Sie lose um den Kranz und die Äste. Die Rosenknospen werden zu Zweiergruppen zusammengedrahtet und auch an den Zweigen befestigt.

Von den Efeuzweigen nehmen Sie kleine Ästchen. Auch diese binden Sie mit Golddraht an dem Kranz und den Zweigen fest. An den Potpourrikugeln befestigen Sie kleine Schleifchen und eine Schlaufe zum Aufhängen aus Satinband in Rosa.

An die Rosenkugeln kommen kleine Schleifen und Band in Moosgrün. Die Kugeln werden ebenfalls an Golddrahtfäden befestigt, von wo sie in verschiedenen Längen herabhängen. Das Band zum Aufhängen wird an der Stelle befestigt, an welcher Sie den Kranz mit Draht zusammengebunden haben.

Zum Schluß binden Sie zwei große Schleifen aus breitem Band mit Drahteinlage und stecken diese beidseitig an den Kranz. Die Kordel wird in großen Schlaufen an der Vorderseite in der Schleife befestigt.

Kranz mit Rosenkugeln

Für dieses Gehänge benötigen Sie einen Tannenkranz von 40 cm Durchmesser, ca. 8 m Schleifenband zum Aufhängen, sechs Rosenkugeln, Schleifenband mit Drahteinlage und dicke Rayonkordel. Die Schleifen zum Aufhängen werden an vier Stellen des Kranzes befestigt.
In die Zwischenräume kleben Sie zweimal zwei Kugeln und zweimal eine Kugel fest. Die locker gebundene Schleife wird vor die Schleife zum Aufhängen gesteckt.
Die dicke Rayonkordel legen Sie zum Schluß so über den Kranz, daß diese leicht herunterhängt. Die Enden werden festgeklebt.

Weihnachtlicher Türkranz

Hierfür benötigen Sie einen Tannenkranz, einen Stengel kleine Weihnachtssterne, zwei rote Kugeln, zwei Puttenengel, zwei Weihnachtsstecker, Zimt, Kupferdraht, zwei große Gitterschleifen und Band zum Aufhängen.
Sie befestigen zuerst das Band zum Aufhängen, dann kleben Sie die zwei Puttenengel an der linken Seite fest.
Die Schleifen aus Gitterband werden oben und unten angebracht. Den Weihnachtsstern stecken Sie an die rechte Seite des Kranzes. Die roten Kugeln werden unterhalb des Weihnachtssternes befestigt.
Den Zimt umwickeln Sie mit Kupferdraht und stecken diesen auf die untere Schleife.

Antikkugeln

Beispiel 1
Für diese Dekoration benötigen Sie eine Kugel in Antikgold, ein Holzpferdchen, Zimt, Ilexblätter, Bouillon, Goldkordel, Rosenknospen und Band zum Aufhängen sowie für die Schleife.
Sie befestigen ein Band zum Aufhängen in der Mitte der Kugel. Um dieses Band dekorieren Sie das Pferdchen, die Schleife, die Rosenknospen und die Ilexblätter. Die Goldkordel legen Sie nun locker unter das Pferdchen. Den Zimt binden Sie mit Bouillon zusammen und stecken ihn in die noch offenen Stellen. Zum Schluß wird die Schleife zwischen die Rosenknospen gebunden.

Beispiel 2
Hierfür wird eine Antikkugel in Antikgold, Diorröschen, ein kleiner Zweig mit Beeren, Rosenblätter, Zimt, Kupferdraht, Bouillon, metallicfarbenes Gras, Schleifenband zum Aufhängen sowie für eine Schleife in Moosgrün und für eine weitere Schleife in Altgold mit Altrosa benötigt.
Auf der Kugel wird das grüne Schleifenband zum Aufhängen befestigt. Die Diorröschen und die Rosenblätter befestigen Sie an den Beeren und die mit Kupferdraht gebundene Zimtstange kleben Sie fest. Den auseinandergezogenen Bouillon legen Sie als Schlaufe unter die Zimtstange. Zum Schluß binden Sie zwei großzügige Schleifen und befestigen sie neben den Diorröschen. Zur Auflockerung stecken Sie ein paar Zweiglein metallicfarbenes Gras in das Gesteck.

Wandgesteck „Türbogen“

Sechs große Zweige Tannengrün, fünf Christrosenblüten, zwei Notentüten, Notenlochband und eine große Schleife werden hierfür benötigt.
Bei diesem Türbogen wird von außen nach innen gearbeitet.
Sie fangen mit einem Tannenzweig an und binden die anderen Zweige und die Blüten versetzt darüber bis zur Mitte. Sie befestigen alles mit Wickeldraht.
Die andere Seite wird gleich ausgeführt.

Nun werden die Notentüten und das Notenlochband in kleine Stücke geschnitten und mit Draht befestigt in das Gebinde gesteckt, anschließend an der Rückseite verdrahtet.
Zum Schluß kommt in die Mitte eine großzügig gebundene Schleife.

Hängende Schleife

Sie brauchen hierfür Gotikpapier, einen Weihnachtsstern, einen Stengel Tannengrün, zwei Weihnachtsanhänger, einen Stengel Stripgras, einen Bund Beeren, eine Schleife zum Aufhängen und eine großzügig gebundene Schleife.
Aus Gotikpapier legen Sie eine Schleife und binden diese mit Bindedraht fest zusammen. Daran wird die Schleife zum Aufhängen befestigt.
Den Tannenzweig legen Sie von hinten an die Papierschleife. Das Stripgras wird in der Mitte befestigt. An das Tannengrün werden die Weihnachtsanhänger gebunden. Auf die Papierschleife kommt nun der Beerenbund und der Weihnachtsstern.
An der Aufhängung befestigen Sie zuletzt die Schleife so, daß sie locker herunterhängt.

Stilisierter Engel im Ring

Einen Weidenring, Tannengrün, zwei Christrosen, einen Stengel Knospen, Stripgras, Band zum Aufhängen, für die Schleife und zum Umwickeln benötigen Sie hierfür. Den Weidenring umwickeln Sie mit breitem Band. Das Band zum Aufhängen wird am Ring befestigt. Nun wird der Engel an die Seite geklebt. Die Rückseite des Engels verdecken Sie mit einigen Zweiglein Tannengrün; in der Mitte werden die Christrosen, eine kleine Schleife, die Knospen und das Stripgras arrangiert. Am Kranz, neben dem Band zum Aufhängen, befestigen Sie noch eine kleine Schleife.

Gotikkugel und Gotikstern

Für diese Teile brauchen Sie eine Kugel, einen Stern, kleine Röschen, Zimtstangen, Bouillondraht, verschiedene Metallteile, Band zum Aufhängen und Band für die Schleife.

Bei der Gotikkugel wird das Metallband zum Aufhängen zuerst in der Mitte befestigt. Jetzt kleben Sie die Blüten, die Metallteile, den Zimt und die Schleife um das Aufhängeband.

Beim Stern befestigen Sie zuerst an einer Spitze das Metallband zum Aufhängen. Dann arrangieren Sie die Blüten, den Zimt und die Metallschleife an die Spitze.

Hängendes Pferdchen

Für diese Dekoration wurde ein handgemaltes Holzpferdchen mit Beeren und Blüten, Zimt, Tannengrün und Schleife geschmückt. Eine Perlenkette wird locker über das Pferdchen gelegt.
Als Aufhängung dient farblich passendes Schleifenband.

Kokosschale mit Nikolaus

Eine goldfarbene Kokosschale , ein Terrakotta-Nikolaus, Notenpapierband, Dekoband, Tannengrün, Notenfächer und Notentüte aus Papier, Zimt und ein Stengel Moosrosen werden für dieses Arrangement benötigt.
Für dieses Gehänge wird das Band an der Kokosschale befestigt, den Nikolaus klebt man seitlich fest, die Blüten und die anderen Teile werden um den Nikolaus arrangiert. Das Notenband wird locker gedreht und am Tannengrün befestigt, der Zimt mit Bouillondraht umwickelt und ebenfalls festgeklebt.

Gesteck aus Zimtstangen

Benötigt werden zwei lange Zimtstangen, ein großer Papierengel, Blüten, Mistelzweige, überzogene Holzkugeln, Tannengrün, Goldkordel, zwei Goldkugeln, goldene Beeren, Bouillondraht, Band zum Aufhängen und Gitterband mit Goldfäden. Als erstes knoten Sie das Band zum Aufhängen an den Enden der Zimtstangen fest. Nun kleben Sie die drei kleinen Gestecke mit Blüten, Beeren, Tannengrün und kleinen Schleifen an den Zimtstangen fest, ebenso den Engel. Dann legen Sie die Goldkordel über die Zimtstangen. Ziehen Sie den Bouillondraht auseinander und lassen Sie ihn locker herunterhängen.
Unterhalb der Knoten können Sie die Enden der Goldkordel dann noch aufdrehen, damit sie wie kleine Trotteln aussehen.

Fensterschmuck mit Rupfenengel

Hierfür werden ein Olivenreisigbündel, ein Tannenzweig, Schleifenband, Zimt, Goldkordel, Rosenzweig, Traubenzweig (leicht goldbesprüht) und ein Rupfenengel benötigt.
Das Band wird am Reisigende an beiden Seiten zum Aufhängen befestigt. In der Mitte dekorieren Sie die Zweige, Blüten und den Engel.
Eine locker gelegte Schleife wird an die Seite gesteckt. Die Goldkordel wird zum Teil geknotet und über das Gesteck gelegt.

Dekorierte Rebenholzkugeln

In den letzten Jahren erfreuen sich die sogenannten Rebenholzkugeln gerade für Wand- beziehungsweise Fensterschnmuck zur Adventszeit immer größerer Beliebtheit.
Diese Kugeln wirken sehr viel natürlicher als Styropor- oder Plastikkugeln und eignen sich deshalb hervorragend für nostalgischen Weihnachtsschmuck.
Diese Kugeln können Sie so verarbeiten, wie sie Handel angeboten werden. Sie können dieses Rebenholz aber auch passend einfärben oder auch nur mit Glimmer einsprühen.

Beispiel 1
Sie benötigen eine Rebenholzkugel, einige Efeublätter, passendes Band, einen Beerenzweig, zwei bis drei Seidenrosen und Bouillondraht.
Den Draht ziehen Sie auseinander und legen ihn locker über die dekorierte Kugel.
Plazieren Sie die Zweige, Blätter und Blüten und befestigen Sie das Band zum Aufhängen und das für die Schleife.
Zum Schluß sprühen Sie mit Altgold ganz leicht über die fertige Kugel.

Beispiel 2

Eine Rebenholzkugel wird mit zwei Stengeln Seidenrosen, einem breiten Weihnachtsband, Metallic-Kordel und Bouillon besteckt.

Goldenes Stripgras wird mit der Schere leicht gekräuselt und unten arrangiert. Die Schleife wird zum Schluß großzügig in der Mitte dekoriert.

An die Enden der Goldkordel binden Sie zwei Goldperlen und drehen die Kordel ein Stück auf.

Spirale aus Tannengrün

Eine Tannengirlande mit Drahteinlage biegen Sie zu einer Spirale und dekorieren sie mit Notenblättern, Fächern, Tüten, nostalgischen Pferdchen, Schlitten und Trompeten. Kleine Schleifen mit Zimtstangen, die Sie kurz schneiden und mit Bouillondraht sowie der Schleife verbinden, werden in die Spirale geklebt. Fügen Sie kleine Beerenbündel und Bouillonschleifen ein.
Dann hängen Sie die Spirale mit einem farblich passenden Band auf.
Zum Schluß sprühen Sie noch etwas Altgold über die fertig dekorierte Spirale.

Schlichter Rebenkranz

Sie benötigen einen Rebenkranz, einen kleinen Ast künstliches Tannengrün, einen Stengel Rosen, einen Nostalgieanstecker und ein schönes Weihnachtsband.
Das Tannengrün, die Rosen und den Stecker dekorieren Sie in den Kranz und befestigen eine Schleife in dem Gebinde.

Ein weiteres Stück Weihnachtsband drehen Sie leicht und winden es locker um einen Teil des Rebenkranzes.

Bambusstab mit Pferdchen

Schneiden Sie einen Bambusstab in der Mitte durch, binden Sie ihn zusammen, und hängen Sie ihn mit Band auf. Auf dieser Unterlage dekorieren Sie Goldpferdchen, Tannengrün, beglimmerte Thujazweige, Mistelzweige und goldene Farnblätter.

Zwei kleine Holzkugeln werden mit Gitterband umwickelt und in die Mitte zu den Tannenzweigen gesteckt.

Eine dicke Kordel wird locker geknotet und über das Gehänge gelegt.

Ein kleiner goldener Bär und eine Eisenbahn werden an einem Goldfaden aufgehängt.

Dann verzieren Sie die Aufhängung mit in Schleifen gelegtem Gitterband.

Zum Schluß wickeln Sie Bouillondraht um kurze Zimtstücke und plazieren diese in der Mitte der Schleifen.

Dekorierter Wandkorb

Als Grundlage für diese hübsche Wanddekoration benötigen Sie ein Weidengeflecht in Korbform.
Sie können aber auch auf andere, ähnliche Flechtarbeiten zurückgreifen, wie zum Beispiel eine Glocke, einen Weihnachtsbaum oder einen großen Stern.
Als Dekorationsmaterialien sollten Sie bereithalten: künstliches oder echtes Tannengrün, Stripgras, eine Schleife, goldene Ilexblätter, Beerenzweige und einen Steckschwamm. Wenn Sie diese Materialien wie auf der Abbildung oder im Steckschwamm arrangieren, dann entsteht in Kürze ein sehr stimmungsvolles Wandgesteck.

Weidenkranz in Gold

Für diese Dekoration wird ein goldener Weidenkranz, ein Mistelzweig, zwei Christrosen, zwei goldene Säckchen, ein Stripgras, ein Stengel Federgras, ein Ästchen Tannengrün, Zimt und Band zum Aufhängen und eine üppige Schleife benötigt. Diesen effektvollen Weidenkranz sollten Sie nicht zu üppig dekorieren, denn dann stehlen sich die einzelnen Elemente gegenseitig die Schau.

Goldener Kranz mit Gitterband

Wir umwickeln einen Weidenkranz mit Gitterband in Gold, befestigen zwei Blütenknospen an dem Kranz, binden eine großzügige Schleife in die Mitte des Kranzes.
Wir dekorieren einen Weihnachtsstecker, ein Notenblatt, zwei überzogene Holzkugeln, Tannengrün und Zimtstange mit Bouillon umwickelt neben die Schleife.

Schaukel mit Putte

Zu diesem Motiv benötigen Sie Tannenzweige, Notenpapier, Bouillondraht, ein Musikinstrument, Zimtstücke, zwei kleine bespannte Dekokugeln, goldene Kordel, eine Bambusschaukel und eine Keramikfigur. Diese Putte können Sie entweder fertig kaufen oder als Rohling im Bastelhandel erwerben. Es gibt eine Fülle von solchen Gießkeramikfiguren, die Sie selbst bemalen können. Drapieren Sie die einzelnen Dekoelemente auf der Schaukel und plazieren Sie zum Schluß die Putte leicht seitlich versetzt, damit das Ganze etwas spannender wirkt.

Festlich geschmückte Tische

Zum Abschluß meines Buches möchte ich Ihnen Ideen zur Dekoration festlicher Tische vorstellen. Gerade die Weihnachtszeit bietet uns viele Möglichkeiten, Tische hübsch zu gestalten. Ein schönes Gesteck oder ein Gedeckaufleger verleiht einer Dekoration eine weihnachtliche Stimmung. Tannengrün, Kerzen, Engelchen und Goldketten dürfen hierbei nicht fehlen. Ihre Gäste werden sich über einen festlich gedeckten Tisch besonders freuen.

Gesteck mit Christrosen

Eine Tonvase, fünf Stengel Christrosen, kleine Kiefernzweige, vier braungrüne Blätter, zwei Stengel Brombeeren in Altrosa, einen Stengel Stripgras und eine Schleife mit Drahteinlage benötigen Sie für dieses Gesteck.

In eine schmale, hohe Tonvase geben Sie etwas Steckschwamm.

Darauf stecken Sie versetzt die altrosa Christrosen.

Um diese Stengel arrangieren Sie jetzt die Blätter, die Kiefernzweige, das Stripgras und die Beeren.

Zum Abschluß binden Sie eine Schleife, die Sie vor die Christrosen stecken.

Tischgesteck in Weinrot

Für diese Dekoration benötigen Sie eine etwas höhere Schale, fünf gewachste Callablüten, Tannenzweige, einen Steckschwamm, zwei Stengel Stripgras, zwei flache Messingglocken, zwei Seerosenblätter und Ripsband mit Goldkante.

Den Steckschwamm kleben Sie in die Schale. Drei Callablüten binden Sie zusammen und stecken diese in den Schwamm. Mit den Tannenzweigen und den Seerosenblättern verdecken Sie den Steckschwamm. Als Basis stecken Sie die restlichen zwei Callablüten auf die Zweige, leicht nach vorne gezogen.

Die Messingglocken werden angedrahtet und hineingesteckt. Das Stripgras wird leicht gezogen und hinter den Blüten befestigt.

Eine große Ripsschleife stecken Sie zum Abschluß neben die Callablüten. Die Enden der Schleife legen Sie über den Rand der Schale.

Tischgesteck mit Rosen

Eine Sektschale, zwei Stengel Rosen, Goldginster, zwei Bund goldene Diorrosen, zwei Bund weinrote Blättchen, einen Engelstecker, vier Seerosenblätter, einen Steckschwamm und eine Borte mit roter Einlage brauchen Sie für dieses Tischgesteck.

Den Steckschwamm schneiden Sie in die gewünschte Größe und kleben ihn in das Sektglas. Die Seerosenblätter ordnen Sie so an, daß der Schwamm verdeckt ist. Die Rosen werden in verschiedenen Höhen darauf arrangiert.

Den Engel stecken Sie zwischen die Blumen. Bündeln Sie je drei kleine, weinrote Blättchen, und stecken Sie sie zwischen die Blüten. Die Diorrosen stecken Sie als Basis vor die größeren Blüten. Zur Auflockerung wird der Ginster hineingesteckt. Zum Schluß binden Sie eine Schleife und kleben diese seitlich in das Gesteck.

Gesteck mit Terrakottaengel

Für dieses Tischgesteck brauchen Sie eine viereckige Korkplatte, einen großen Terracottaengel, einen Weihnachtsstern, Tannengrün, zwei Christrosen, Knospen und eine Metallschleife.
Auf der Korkplatte wird der Terracottaengel festgeklebt. Hinter dem Engel befestigen Sie ein Stück Steckschwamm, in den das Tannengrün, die Knospen und die Christrosen stecken.
Den Weihnachtsstern schneiden Sie ganz kurz ab, stecken ihn so in den Steckschwamm, daß die Blätter zum Teil über den Beinen liegen.
Zum Schluß legen Sie die Metallschleife vor den Weihnachtsstern.

Tischgesteck „Spandose"

Eine ovale Spandose, breites Band zum Bekleben, eine Christrose, kleine, rosa Blüten, zwei Seerosenblätter, einige Efeublätter, Stripgras, ein Notenblatt, Kordel, zwei Metallkugeln, ein Holzpferdchen und Steckschwamm werden hierfür benötigt.
Die Spanschachtel wird mit breitem Band beklebt – am besten mit Holzleim. Den Deckel legen Sie halb auf die Schachtel und kleben ihn fest. Nun wird der Steckschwamm in der Dose befestigt. Darauf kleben Sie die Seerosenblätter, die Efeublätter und das Notenblatt. Die kleinen rosafarbenen Blüten werden darauf arrangiert, und das Pferdchen wird auf dem Gesteck befestigt. Die Christrose kleben Sie auf die Spanschachtel. Das Stripgras wird leicht gekräuselt und über die Dose gelegt. Die Kordel wird zur Schleife gebunden; an den Enden werden die Metallkugeln befestigt. Die Enden werden leicht ausgefranst und vor dem Pferdchen befestigt.

Dekorativer Ginsterkranz

Die Basis besteht aus einem feinen Ginsterkranz, drei Schleierblättern, drei Rosenblüten, zwei Hojablättern, Gras, einer Schleife mit Drahtkante und einer Goldkordel.
Die Schleierblätter und die zwei Hojablätter werden auf dem Ginsterkranz befestigt.
Die Rosen und die Schleife werden in die Mitte plaziert.
Zum Schluß stecken Sie die Goldkordel in die Schleifenmitte und fügen die Gräser zur Auflockerung dazu.

Schachtel mit Notendekor

Sie benötigen eine bereits fertige oder selbstgemachte Schachtel mit Notendekor, drei kleine Lotosblätter, Stripgras, eine Schleife mit Drahtkante, Brokatmargeriten, Zimt, Bouillondraht und einen Steckschwamm.
Das Stück Steckschwamm wird innen an den Rand der Schachtel geklebt. Den Dekkel der Schachtel befestigen Sie versetzt an der Dose. Dann ordnen Sie die Lotosblätter schräg am Schwamm und arrangieren die Margeriten, den Zimt und die Schleife. Zum Schluß sollten Sie das Stripgras dazwischenstecken und den Bouillondraht – leicht gezogen – darüberlegen.

Weidenkörbchen

Hierfür werden ein Weidenkörbchen, zwei Stengel Moosrosen, Stripgras, zwei Äpfel, eine Schleife mit Drahteinlage, Bouillondraht und ein Steckschwamm benötigt.
Der Steckschwamm wird mit Heißkleber im Körbchen befestigt. Die Schleife wird locker gebunden und als Basis auf den Steckschwamm gesteckt.
Hierauf dekorieren Sie die Blumen und das Stripgras. Abschließend stecken Sie die Äpfel in die Mitte des Arrangements und plazieren leicht versetzt die Schleife aus Bouillondraht.

Korb mit Engel

Sie brauchen eine Korbschale, eine Weihnachtssternblüte, einen Terrakottaengel, einen Zweig Blütenknospen, einen Traubenzweig, zwei Salalblätter, Gitterband mit Goldfäden und einen Steckschwamm. In der Schale wird ein Stück Steckschwamm befestigt. Die Weihnachtssternblüte wird ganz kurz geschnitten und in die Schale gesteckt.

Der Engel wird auf der Blüte befestigt, die Salalblätter in den Schwamm gesteckt, darauf Traubenzweig und Schleife befestigen. Abschließend sprühen Sie ein wenig Goldfarbe auf die Blütenknospe und stecken diese hinter dem Engel fest.

Spanschachtel in Blau-Lila

Eine große Spanschachtel, Gotikpapier, Holzleim, Efeuzweige, vier Lotosblätter, zwei Christrosen in Lila, einen Stengel Stripgras, ein Brokatengelchen, einen kleinen Beerenbund, Goldästchen, Tannenzweige, einen Steckschwamm und breites Schleifenband benötigen Sie hierfür.

Die Spanschachtel wird zuerst mit Gotikpapier beklebt. Den Steckschwamm schneiden Sie auf die passende Größe zurecht und kleben ihn in die Schachtel. Den Deckel kleben Sie hochkant auf den Steckschwamm.

Auf eine Seite stecken Sie nun die zwei

Christrosen, das Stripgras, zwei Lotosblätter, zwei kleine Efeuzweige und die großzügig gebundene Schleife.
Auf die andere Seite werden zwei Seerosenblätter und die Tannenzweige gesteckt.
Den Engel befestigen Sie in der Mitte.
Hinter dem Engel befestigen Sie die Efeuzweige. Die Goldästchen stecken Sie neben dem Engel fest.
Den kleinen Beerenzweig und die übrigen Efeuzweige arrangieren Sie noch in das Gesteck.

Tischgesteck „Kaneel“

Es werden vier dicke Stangen Kaneel, Ilexblätter, Astern, Notenrollen, Tannengrün, Bouillondraht und eine große Schleife benötigt.
Die vier Stangen Zimt werden zum Bündel versetzt zusammengebunden. Das Tannengrün wird auseinandergeschnitten und auf beiden Seiten eingeklebt. Die Ilexblätter stecken Sie beidseitig in den Zimt. Darauf befestigen Sie die Astern, und in der Mitte die Notenrollen.
Die Schleife wird großzügig über die Mitte gelegt und festgeklebt.
Zum Schluß wird gezogener Bouillondraht locker über das Gesteck gelegt und befestigt.

Festlicher Gedeckaufleger

Beispiel 1

Aufleger in Rot

Zwei Eichenblätter aus Papier, ein kleiner Zweig Kiefern, ein Notenblatt, einen Stengel Rosen, ein Ästchen Ilexblätter und eine rote Schleife werden hierfür benötigt.

Bei diesem kleinen Sträußchen werden die Blüten, die Blättchen, das Notenblatt auf den Kiefernzweig und die Eichenblätter gebunden.

Die Schleife wird zum Schluß an den Stengeln befestigt.

Beispiel 2

Aufleger in Blau-Violett

Hierfür brauchen Sie einen Tannenzweig, einige Moosröschen, goldgesprühte Beeren, zwei Eichenblätter, eine Christrose und eine Schleife aus breitem Band mit Drahtkante.

An dem Tannenzweig werden die Eichenblätter, die Rosen, die Beeren und die Christrose befestigt.

Die locker gebundene Schleife wird am Ende mit Draht festgebunden.

Tischaufleger „Weihnachtsstern“

Hierzu verwenden Sie Tannengrün, zwei Stengel Stripgras (goldfarbig), zwei große Weihnachtssterne in Lila, einen großen Beerenzweig mit Altgold übersprüht und eine schöne, breite Schleife.
Die Basis dieses Tischgesteckes ist das Tannengrün. Das Stripgras und den Beerenzweig befestigen Sie daran.
Die zwei Weihnachtssterne werden versetzt angebracht.
Zum Schluß binden Sie die Schleife locker in das Gesteck.

Tischaufleger in Blau-Rot

Wir benötigen für dieses Gebinde zwei Äste Tannengrün, eine große Papierblume, zwei Stengel Moosrosen, Stripgras, vier Notenblätter auf Draht und Band mit Drahteinlage.
Die Tannenzweige werden versetzt zusammengebunden, so daß Sie darauf die Rosen und das Stripgras arrangieren können.
In die Mitte geben Sie die große Papierblume und stecken die Notenblätter in die Zwischenräume.
Zum Schluß wird die locker gebundene Schleife am Ende befestigt und über das Gebinde gelegt.

Festliche Serviettenringe

Beispiel 1
Sie brauchen einen kleinen, goldenen Weidenkranz, schmales Satinband, drei Röschen, drei Blättchen, Goldästchen und ein kleines Ästchen Tannengrün.
Aus den Blüten, den Blättern und dem Goldästchen binden Sie einen kleinen Strauß.
Diesen kleben Sie auf den Kranz. Zum Verdecken des Stiels befestigen Sie das Tannengrün daran und binden darauf eine Schleife.

Beispiel 2
Hierfür benötigen Sie einen kleinen Plastikring, drei Blättchen, fünf Diorröschen in Gold, Tannengrün und eine Goldborte mit weinroter Einlage.
Aus den Blüten und den Blättern binden Sie ein Sträußchen, kleben dieses auf den Plastikring und befestigen das Tannenzweiglein an dem Sträußchen.
Zum Schluß binden Sie eine große Schleife und kleben sie an dem Ring fest.

Serviettenringe für die Weihnachtszeit

Beispiel 1
Zur Fertigung dieser Serviettenringe benötigen Sie ein kleines, goldenes Weidenkränzchen, zwei Goldröschen, zwei weinrote Ahornblättchen, drei goldene Gitterblättchen, etwas Tannengrün und Borte mit roter Einlage.
Aus diesen Materialien binden Sie ein Sträußchen und kleben dieses auf dem Weidenkränzchen auf.

Beispiel 2
Auch hierfür brauchen Sie ein goldenes Weidenkränzchen, sechs Diorröschen, Goldästchen, vier weinrote Blättchen, Tannengrün und eine Schleife mit roter Einlage.
Auch bei diesem Beispiel binden Sie aus den einzelnen Blüten, Blättern und der Schleife ein Sträußchen und kleben dieses auf dem Ring fest.